Regards

sur

la Bible

ADSO

Regards

sur

la Bible

Se rapprocher de *La Bible*, c'est s'approcher du mystère des religions fondées à partir du personnage d'Abraham. Un (des) mystère(s) qui soulève(nt) toujours une multitude de questions, (ont) a suscité bien des débats qui n'ont pas trouvé de réponses. Mais l'important ne réside-t'il pas dans le questionnement, la concertation ? La Bible est source de questionnement, mais aussi de prières. Cela peut sembler une évidence, mais il est bon de peser tout le poids de la pensé humaine et de la prière.

Pourquoi la Bible est un texte dit "sacré" ? Peut-être parce qu'il confére à l'être humain, une identité, une volonté de perfectibilité. Être et s'évertuer ne sont-elles pas les voûtes des arcanes de l'existence ? C'est la raison pour laquelle les hommes prient. L'identité et la perfectibilité sont les chemins vers une dimension de la vraie vie. Au sens poétique, car quelque part la Bible est poésie. La poésie cherche à situer l'homme dans le monde abstrait et concret : quelle est la place de l'humain dans la Bible ? Pour beaucoup d'entre nous, elle se condense dans le concept d'amour. Mais personne n'a encore établi la puissance du *Cantique des cantiques.*

Simplement tous les hommes peuvent se retrouver dans la Bible, puisqu'elle relate l'appartenance à l'humanité. Dieu donne la force de surmonter les épreuves à celui qui respecte ses commandements. Et cela est difficile, car le monde depuis le péché originel est sauvage. Remercier l'Éternel, c'est peut-être continuer à aimer le monde, comme l'a fait Job : serviteur fervent de l'immanence divine.

Job dans son acte permanent d'amour, loue une présence du divin.

Comme bien des personnages bibliques, Job peut faire pleurer, inspirer la compassion, insuffler la suprématie de la ferveur et rendre visible la joie. Peut-être parce que la joie naît dans la main des anges et que Job en est entouré.

De manière plus signifiante la Bible a pour "… seule ambition [est] de reproduire aussi fidèlement que possible le texte original, tel que la tradition nous l'a conservé à travers les siècles… C'est une œuvre modeste de translation devant donner satisfaction aux lecteurs qui demandent à la Bible des Inspirations religieuses et morales." Une reproduction, une translation, n'est pas simple, et pourtant la Bible a vu le jour …Voici ce que nous retiendrons du grand rabbin Zadoc Kahn dans la préface à *La Bible* traduite du texte original par les membres du rabbinat français, aux éditions colbo à Paris pour la dixième édition en mars 2002.

Hormis la dimension religieuse incontestable, primordiale de la Bible, les écritures sacrées sont le fruit de réflexions philosophiques.

L'étude de la Bible comme phénomène littéraire a incité Mircéa Éliade dans son ouvrage *Le sacré et le profane* aux Éditions Gallimard, en 1965. Pour lui, le sacré se manifeste et rend visible l'invisible et il y a deux modes d'être dans le monde : "la consécration de la vie même de l'homme et la sacralité dont peuvent être chargées ses fonctions vitales" (p.19) . Pour lui enfin *La Bible* mêlerait le sacré et l'histoire.

La Bible, Verbe, Amour, Révélation est écrit, comme une trace qui ne trouve de raison d'être, dans sa lecture qui est peut-être en elle-même un commandement …

À travers les voix d'Abraham, d'Isaac et de Jacob. Et comprendre le sens des trois religions : musulmanes, chrétiennes, juives.

Les religions peuvent aider à oublier les guerres. Il est important de saisir le bien-fondé de chaque religion. Puisque les religions sont le fondement des civilisations.

© 2016 ADSO

Édition : Bod-*Books on demand*
12/14 rond-point des Champs Elysées
75008 Paris
Imprimé par—Books on Demand, Nordestedt
ISBN : 9782322112289
Dépôt légal Août 2016

Job

Job a été confronté à l'abandon
Et au courage de dire : " Pardon ".
Cet homme intègre et droit
Craignait Dieu et ses Lois.
À chaque instant évitant le mal,
Son âme limpide et claire n'était ni sale,
Ni dangereuse.
C'était un homme de qualités.
Il ne craignait ni les terres boueuses,
Ni les tentations qui auraient pu l'écarter
Du chemin
De l'examen
Et de l'introspection
En Terre de Sion :
Sous les yeux de l'Éternel
À qui il était fidèle.

Un jour l'Éternel interroge Satan :
" D'où viens-tu " ?
" Je viens de voir Job, ton fervent,
Tu as béni l'oeuvre de ses mains nues ".
Et Satan de poursuivre avec ruse,
Qui de toutes méchancetés vit et s'amuse :
" Étends une fois ta main
Et touche tout ce qui est à lui ". (Le malin).

L'Éternel délègue le pouvoir à Satan,
Car il restait confiant
En son serviteur
Toujours pieux et fervent.
Ainsi il autorise Satan
À le confronter aux passions
Qui voguent en terre de Sion
Et dit :
" Étends une fois ta main
Et touche ce qui est à lui
Seulement tu ne toucheras pas sa vie d'humain ".

Ainsi Job perdit
Ce qu'il possédait dans sa vie
De plus en plus précieux :
Il devint de plus en plus malheureux :
Satan s'attaqua aux bœufs
Puis aux esclaves besogneux,
Puis aux brebis,
Mais pas à sa vie !

Le messager
Dit : " Moi seul j'ai pu m'échapper
Et te l'annoncer ".

Des Chaldéens enlevèrent les chameaux.

Puis il perdit ses enfants.
Ce que Satan : croyait ouvrir les tourments
Et ses qualités se transformer en défauts.

Job se leva
Déchira sa tunique
La tête se rasa
Et resta prosterné … dans un silence de prières.
Le doute commença à envahir son âme unique.

Il dit : " Je suis sorti du sein de ma mère nu .
Et j'entrerai dans la tombe nu ".
Puis il bénit l' Éternel,
Job ne faillit point et lui resta fidèle.

Satan en colère et en toute fermeté
Déclara : " Il persiste encore dans sa piété ".

L'Éternel lui dit : " Il est en ton pouvoir,
Seulement respecte sa vie : c'est ton devoir ".

Satan frappa Job d'une lèpre terrifiante
Et sa femme devint bête et méchante :
Elle dit : " Renie Dieu et meurs ".
Job, blessé dit : " Tu parles comme une femme
En qui la bassesse demeure ".

Et il n'écouta plus sa femme.

Trois amis de Job vinrent en sa résidence
Lui apporter condoléances
Et consolations.
Ils ne le reconnaissent pas
Ils crient et pleurent tout bas.
Aucunes paroles ne tentent
Tant la douleur est accablante.

Job maudit le jour de sa naissance,
Qu'il ressentait comme une malchance.

Il ne souhaite qu'être couché enfin dans la paix,
Où tous seraient libres de toute force intentionnalisée.
Éliphaz de Têmân arrive comme une paix rassurante :
Et lui dit combien il avait été fort face à l'abandon
Et aux multiples épreuves qui le tente :
À ne plus croire,
Ne plus vouloir,
Dire : " Non "! à la tentation.
Il dit : " Ta piété n'est-elle pas pour te donner confiance ?
L'intégrité de ta conduite n'est-elle pas ton espoir :
Toi qui as toujours su voir la lumière dans le soir .

J'ai vu que ceux qui cultivent l'iniquité

Sèment le mal et récoltent fausses vérités,
J'ai vu que c'est sa mauvaise humeur
Qui tue l'insensé : celui qui a peur
C'est son dépit qui fait mourir l'impie.

Ce n'est pas du sol que sort le malheur,
Ce n'est pas de la terre que germe la douleur".
Dieu accomplit de grandes choses
Et pour l'Homme, tout il fait et ose.

Il répand la pluie à la surface de la terre,
Dans les plaines, il lance des rivières,
Il élève ceux qui étaient abaissés,
Il relève par son secours ceux qui sont atterrés.
Il fait échouer les gens de ruse,
(Du malin, il s'amuse).
Il les prend dans leurs propres artifices
Les confronte à leurs propres vices.
Il protège contre leur bouche : glaive
Qui distille de faux rêves.
Sauve le faible des mains du fort,
L'espoir renaît pour le pauvre encore.
L'iniquité à la bouche close
Et aucune de ces paroles, il n'ose.
Il soigne les blessures
Il frappe et ses mains guérissent de façon sûre.

"Il te protégera des six calammités
Et lors de la septième, tu seras aussi préservé.
En temps de famine, il te sauvera
Et de la mort et du combat.
Tu seras à l'abri du fouet
Et de la langue des mauvais.
Si une catastrophe éclate :
La paix viendra et te rattrape.
Les animaux de la terre, tu ne les redouteras point
Et même avec les pierres du sol tu auras fait loi ;
Et les animaux sauvages
Conclueront un traité de paix avec toi.
Tu verras s'accroître le nombre de tes enfants.
Tu entreras dans la tombe dans de nombreux ans
Comme s'élève une meule de blés
Dans la saison proposée.

Tel est le fruit de nos réflexions
Telle est ma vérité
Prends-là en ton coeur, en mon nom.
Et tu seras sur le bon sentier".

Job souhaite simplement qu'on pèse son chagrin
Et son malheur dans la justice du divin.
Ses paroles sont pleines de flou
À l'entente et aux actes de ce qu'il y a au-dessus de tout.

La nourriture est elle source de quémandes ?
Job est en joie et ne demande qu'à être entendu.
Dans sa voix qui ne mérite aucune réprimande.
Il se montre nu
Et c'est là sa seule demande.
Mais il s'interroge sur sa force et sa fin
Face à la présence du divin.

De quelle vraie nature est l'amitié ?
Job souffre de la perfidie de ses amis.
Ils détournent de leur route les oubliés
Sans se soucier de la mort qu'ainsi
Ils provoquent en retirant aussi leur confiance.

Les amis de Job sont plein de confusion.
"À la vue de ma ruine vous vous poser les questions
Provoquées par la peur,
Sans se soucier de mon bonheur.
Sans me demander
Quelle est mon errance
Sans prononcer les mots de cette vérité
Qui vous fera vers moi vous montrer.
Reparaissez à ma vue dans votre amitié".

Job est le soldat de Dieu
Et ses jours sont plein de son feu.

Mais parsemés de souffrance
Dans son sommeil, dans son corps : tout est errance.

Il implore Dieu de préserver son souffle de vie
Même si ses yeux ne voient plus dans le jour, la nuit.
Job cherche sa maison
Et les paroles qui le ramènent près des visions
De paix, dans ses nuits
Et son âme près de lui.
Bildad de Choua, prend la voix et dit :
Lui reprochant d'avoir des paroles comme un vent impétueux.
Malgré cela, il parle de son innocence et de sa folie
Et lui rapelle que Dieu le rapprochera toujours de ses vœux :
"Il rendra la paix à ta demeure
Et sa bonté s'éveillera en ta faveur".

Bildad de Choua rassure Job sur ses lendemains
Il parle au nom des Anciens.
Car à nous la sagesse manque encore
Elle vient avec la paix et la mort.
Mais cette vie nécessaire respecte l'eau
Et la souvenance perpétuelle du très-haut.

Dieu rejoint l'homme droit
Dans une joie
Venue de sa bouche

Et de tout ce qu'il touche.

Job reprend la parole et dit :
"Oui je sais qu'il en est ainsi "
L'Homme se découvre à Dieu, dans ce langage
Dont la seule réponse est qu'il est sage.
Parfois dans la colère
Il fait trembler la terre,
Il déploie les cieux
Et tout cela dans un amour prodigieux.

Dieu interroge l'Homme sur ses actions
Et Job sur la réalité de ses visions.
Dieu ne refoule pas ses colères
Il condamne l'orgueil mais passe par la prière
Et pense par sa bouche
Et atteint tout ce qu'il touche.
"Alors, sans peur je demanderai grâce à ce juge
Et d'écouter ma parole où lui-même peut trouver refuge.
Mais je ne crois pas
Qu'il écoute ma voix.
Car il m'accable sous un vent de tempête
Et ne m'accorde plus aucune fête
L'innocence devient coupable,
Mes lèvres incapables
De blasphémer

Car je crois être sans reproche en vérité".
Job commence à douter : ne se soucie
Plus de la vie.
Et retire à l'existence
En son sein l'espérance.
Cependant il mélange les œuvres du Satan
Et celles du créateur tout puissant.

Il redoute à présent
Le temps,
La crainte de ses tourments.

Car Job croit
Que Dieu ne l'absoudra pas.
Puis malgré la crainte de supporter
Le froid,
Et de ne plus pouvoir se purifier
Job sait qu'il n'existe pas d'arbitre entre Dieu et lui
Et l'espoir de l'avoir comme unique correspondant
Lui fait victoire contre Satan.

"Alors je parlerai
Sans le redouter
Car en ma conscience,
Il n'y a point de différences".

Job espère pouvoir donner liberté à ses craintes
Et parler sans inquiétudes de ses pensées amères.
Il implore Dieu de lui faire savoir
Ses fautes et son nouveau devoir.
Mais le doute revient
Plus il est vertueux
Plus il est malheureux
Pire que l'abandon, le doute l'atteint.
Il demande : "Pourquoi la lumière
Pour les êtres sans cœur est emplie de frontières.
Dieu a-t'il des yeux de chair
Sa force a-t'elle quittée la terre ?
Ses années sont-elles comme celles
Des mortels ?
Pour que tu me cherches fautif
Et me condamne sans motif.
Pourquoi ?
Alors que je suis innocent
Dans mon cœur le plus fervent".

Job remercie Dieu,
Car ce sont ses mains qui ont pris soin de le former
Contre cette poussière vide du souffle premier,
Vide de ta crainte et de mes regards en ton lieu.
Job remercie l'Éternel pour le cadeau de sa vie et de sa bonté.
Et cette force qui fait alterner, abandon et doute et fidélité.

Il s'adresse à nouveau à Dieu et dit :
"Ne me pardonneras-tu mes fautes et ne me rendras coupable
Même innocent, je fuis
Les richesses, mais pas ce sable
Qui a caressé
Mes pieds.
Pourtant tu redoubles de colère contre moi
Et je dois faire face à des armées sans tes lois.
Donne-moi la Force d'aller au trépas
Là où la lumière n'est qu'un amas".

Cophar de Naama dit :
"Tes paroles méritent une réponse pour que tu entendes
Le flot de tes mots inspirer une accalmie
L'erreur ne viendrait-elle pas d'une ironie
D'un silence auquel tu conduierais une demande".

Ou

"Avoir le courage de parler
Mérite une réponse à partager.

Il serait à souhaiter que Dieu te réponde,
Celui qui sonde
Et l'ironie et le verbiage
De l'Homme sage.

La vérité a de nombreux aspects
Surtout l'insondable secret
Du Tout-puissant.
Où suis-je par rapport à Dieu le Grand ?
Puis-je comprendre sa perfection,
Et sentir sa présence autour de mon nom ?

Plus étendue que la Terre, le Chéol, l'Océan.
Dieu va toujours en avant
Et nul ne peut le détourner
De sa justice et de l'assemblée.

Il remarque l'iniquité
Ainsi rend l'Homme intelligent.
Il fait naître à la dignité,
Il fait vers lui ton coeur dirigé.
Étendre les bras vers lui.
Purifie ta main, le lieu où tu vis.

Tu pourras relever ton front
Sans marque du malin,
Tu seras solide comme l'airin.
Tu oublieras la douleur comme une prison.

Ton sort reluira à midi
Le sombre crépuscule, deviendra une nuit

Claire
Pour des nuits calmes de prière.

Ton gite ne sera troublé par personne
Et ceux qui te résisteront auront toujours la bonne
Intention
À l'égard de ton nom.

Les yeux des méchants seront brûlés,
Tout refuge leur sera fermé.
Leur espoir s'éteindra devant la mort.
Leur souffle disparaîtra alors".

Job reprit la parole et dit :
"Vous êtes à la fois l'humanité
Et à la fois sagesse.
Mon cœur est identique à votre énoncé.
N'interpelle aucune déesse,
Ne respecte que celui qui dit.

Pourtant, je suis la risée des amis
Objet de dérision.
L'homme intégre est oublié dans la nuit
De la plus profonde affliction.

Les heureux du monde méprisent le malheur

Pour eux leur pied chancelle de bonne heure.
Les tentes des brigands
Bravent le Tout Puissant
Et ne reconnaissent que leur Force pour Dieu
Et ils se croient heureux !

Interroge les bêtes pour qu'elles t'apprennent
Ou les oiseaux du ciel,
Pour qu'avec eux tu comprennes,
La terre te fera savoir son hirondelle.
Même les poissons de la mer
Participeront à ce savoir que j'attends
Et que l'Éternel a rendu près de ton avant.

Il tient en sa main, le souffle de tout vivant
Et son esprit anime les corps,
Il est présent :
Comme un souffle et plus encore.

Mon oreille se nourrit de tes paroles
Et la sagesse vient avec les longs jours,
Il n'y a que lui, présent pour ce rôle,
Il accompagne tour à tour,

Une force que personne ne peut surpasser
Ou prétendre égaler !

Regarde ce qu'il veut démolir
Personne ne peut le rebâtir.
Il ferme des portes que personne ne peut ouvrir.

Il arrête ou déchaîne de ses éclairs
Les flots
Des eaux
Et bouleverse la Terre.

Il est le maître du menteur,
Du séducteur.
Il amène vers les démons les conseillers
Et livre les juges vers une raison qui voit sa finalité.

Il dissout l'autorité des rois
Car il perçoit.
Il frappe d'insanité les prêtres
Et les enchevêtre
Dans l'insanité
Car il sait.

Il a le pouvoir de faire
Taire
Les orateurs
Qui deviennent des prédateurs.

Il met le vieillard,
Loin de sa sagesse
Et le place sous le regard
D'une infinie tristesse.

Il pose honte sur la noblesse
Et défait la force des vaillants.

Mais il fait sortir au jour les choses cachées,
Et rend tout ouvert par la clarté.

Il grandit les nations
Et les laisse s'étendre jusqu'à leur finition
Puis il les accable
D'une douleur affable.

Il réduit à l'errance les chefs des nations
Et ne laisse plus entendre son nom.
Dieu les fait tituber
Comme s'ils avaient péché.

Mon œil, mon oreille
M'ont révélés pareil.
Ce que vous savez,
Moi aussi je le sais.

Je désire faire des représentations à Dieu".
Il s'adresse alors à ceux qui sont irrespectueux
De la vérité.
Il interpelle les médecins incapables.
Retire sa confiance du coupable.
Seul le silence peut vous rapprocher de la sagesse,
Celle en qui l'on croit comme une liesse.

"Soyez attentifs aux reproches de ma bouche.
Attention à ce que vos discours ne me touchent.
Pour qui êtes-vous plein de fausseté
Est-ce pour Dieu que vous êtes dans l'iniquité ?

Pensez-vous que Dieu puisse secourir votre conscience ?
Avez-vous conscience de son imminence ?

Vos arguments sont des feux
Éteints.
Vos raisonnements prétentieux
Et malléables comme de la boue.

La vie qui m'apporte espoir
N'a de sens
Que si j'ai offert mon regard
Mes sens
Sous son regard.

Là sera ma victoire
Et mon salut,
Fier d'être nu.

Je souhaite que mes déclarations vous pénétrent
Que la plaidoirie de mon innocence
Entre en vos êtres,
Et trouve en vous le jugement d'un sens.

Je trouve aux reproches et aux affronts
Une raison
Qui dicte une réponse
As-tu la conscience
De ce qui a existé
Depuis que l'Homme sur terre est placé.

La victoire du mal est éphémère
Et l'instant de joie du pervers ne dure qu'un instant,
Le temps de la fin des géants.

Il disparaît comme une vision dans la nuit
Il n'y a plus de vision sur lui
Sa demeure ne le reçoit plus chez lui.

Ses fils devront solliciter
La pitié

Et ses mains restituer la fortune acquise.
Alors qu'il n'y a eu aucune bêtise
Qui mérite une telle plaie.
Ses membres seront paralysés
Dans la poussière.

Si ce qui lui semble pervers
Lui est doux.
Son aliment se transforme dans ses entrailles
Et devient telle la faille
Qu'apporte dans son sein
L'amer venin.

Il périra par la langue de la vipère,
Plus d'espoir de savourer les délices,
Il ne jouira plus de ses biens
Et de tout ce qui lui est propice
Et il connaîtra la misère.

Il a été sans pitié
Pour le méritant
Qu'il a écrasé
Dans l'abandon le plus terrifiant.
Il a volé
Sans se demander
Pourquoi il avait volé.

Il est vide de toute accalmie
Et de tout il avait l'appétit".
Aussi Dieu le remplit de sa colère,
Il voudra fuir les armes de fer
Mais sera transpercé par une flèche d'airin.
Et cette flèche qui l'atteint
Le plonge dans l'épouvante
Car elle ressort étincelante
Du foie qu'elle a percé.
Ses trésors sont menacés
De feu il est consummé.

Les cieux condamnent son crime
Le plonge dans l'abîme.

Voici le sort reservé à l'homme pervers
Quand Dieu l'a découvert.

Écoutez-moi,
"C'est ce que je demande : voilà !
C'est ma seule consolation
Sortir de cette prison
Vides de mots,
Et pleins de maux.

Libre à vous de me railler

Vers qui sont dirigées mes plaintes en réalité ?
Soyez étonnés,
Et posez la main sur votre bouche,
Mes souvenirs me bousculent, me touchent.

Pourquoi les méchants ont-ils la vie ?
Pourquoi leur puissance s'agrandit ?
Ils ont la postérité
Et leur progéniture est assurée.
Leurs maisons sont en paix
Sans en être inquiets.

Leur bétail est prospère,
Leurs enfants sont pleins de chants,
De vie et d'éclairs,
Ils connaissent le bonheur, et en un instant,
Ils descendent au Chéol.

Et pourtant,
Ils ne sont pas reconnaissants
Et ils disent à Dieu : non des louanges
Mais des paroles que n'entendent pas non plus les anges.
Qu'est-ce que le Tout-Puissant ?
Et s'interrogent sur leur profit,
Ils ne disent jamais merci.

Ce n'est pas sa main
Qui les maintient
Dans le bien-être
Je n'ai qu'un souhait : celui d'en être
Écarté,
Préservé.

La lampe des impies s'éteint-elle ?
Le malheur et le sort qu'ils méritent,
La colère implacable de l'Éternel
Est là tout ce qu'ils évitent.

Dieu réserve à ses enfants
Le châtiment
Des crimes,
Les plonge dans l'abîme.

Que doit-on enseigner à Dieu ?
Lui qui de son autorité, fait son seul vœu.

La mort attend la vigueur
La paix du cœur
Ayant et la moelle
Et le lait, et le miel.
Couchés dans la poussière
Sera leur dernière

Demeure …

Je connais vos pensées
Quand vous questionnez
Où est la maison de l'homme important ?
La terre habitée par les méchants ?

Au jour du désastre, le méchant est épargné
Des violentes colères, il est projetté
Hors du courroux.
Alors demandes-vous,
Qui le placera face à son comportement
Il retourne dans le sein de sa mère
Avec tous les sacrements
Avec la foule et les prières".

Job enfin
Se plaint :
"Comment pouvez-vous me consoler
Et ce sentiment de justice sacrée.
Toutes vos répliques sont blasphêmes,
Et pourtant Dieu vous aime".

Éliphaz dit :
"L'Homme est le serviteur de qui ?
De ta conduite tire-t'il profit ?

Serait-ce en raison de ta piété qu'il te chatie ?
Et cherche un jugement sans prix".
Éliphaz questionne :
"As-tu fait preuve de perversité ?
Et innombrables sont tes méfaits ?
Sans motif, tu confisques le bien de tes frères,
De leur nudité es tu venu chercher colère ?
Au lieu de compassion,
Au lieu de questions.

As-tu méprisé
L'alterré,
L'affamé,
La force de la brute serait-elle,
Source du crédit le plus réel ?
Es-tu celui
Qui congédie
Les nécessiteux du droit de la vie ?
Es-tu envahi par les ténèbres de là haut
Ou par le flot irrépressible des eaux ?"

Éliphaz interroge Job :
"Où est Dieu dans ta pensée ?
As-tu conscience de son éternité ?
Les étoiles te sont-elles si éloignées ?

Et tu demandes ce que Dieu sait,
La justice est-elle à tes yeux irrévérée ?
Suis-tu la voix des impies ?
Qui disaient à Dieu : " Laisse-nous libres dans nos vies "?
Les justes qui en sont les témoins se sont réjouis
De leurs ruines,
De leurs mauvaises mines.

Éliphaz implore Job :
"Réconcilie-toi avec celui qui règne en Éternité
Et tu vivras en paix.
Par là le bonheur renaîtra pour toi,
Et pour lui, tu seras
À nouveau dans ses enseignements, ses lois.
Éloigne l'injustice de ta tente
Et toute fortune d'Ophir qui te tente !

Et le tout-puissant sera
Une nouvelle fois,
Bon.
Et tu pourras relever ton front
Tu l'invoqueras
Et il t'entendra.

Tu formeras des projets
Et tu verras la lumière briller

Sur ta route,
Éloigné du doute.
Face à ceux qui voudront t'abaisser
Tu n'auras qu'un mot à prononcer :
Debout
Car devant ses genoux.
L'Éternel accourt
Au secours
De celui qui ferme les yeux,
Avec humilité et devient bienheureux.
Il sauvera
Celui que tu pourras
Sauvé
Toi-même par la pureté".

Job reprit la parole et dit :
"Tu entends ma plainte, comme une révolte
Pourtant ma bouche ne soupire
Ni ne sait médire,
Ma bouche est récolte.

Partout où je vais
Je suis à la recherche de son identité.
Savoir où le trouver ?

Je me présenterai sous ses yeux

La bouche et le cœur heureux
Connaissant et fervent.
Dans son écoute
J'irai sur sa route,
Je serai quitte
Et libre du bien dans lequel j'habite.

Mais à l'Orient,
À l'occident :
Il n'y est pas !
Mais ce sont mes pas,
Qui sont fidèles à leurs traces
Vers lesquelles aucune déviance.

Lui demeure immuable
Ce qui lui plaît
Il l'accomplit.
Il nourrit beaucoup de desseins semblables.

En y réfléchissant : j'ai peur de lui
Par les ténèbres il ne m'a pas anéanti
Ni me mettre à l'abri
De cette sombre nuit.

Pourquoi ses fidèles,
Ne voient-ils pas se lever ses jours de justice ?

Il en est qui ravissent
Des troupeaux, mais pas les hirondelles
Les faibles sont obligés de se cacher.

Les malheureux recherchent nourriture,
La lande leur fournit pain et fruit mûrs.
Dans les champs, ils trouveront provisions
Et se font clients
De la vigne du méchant.
Ils dorment nus
Sous les plaines inconnues.
Ils s'accrochent au rocher
Ils s'accrochent à leur volonté.

On les réduit à circuler nus, sans vêtements
Et on les accule aux pires tourments :
Transporter des gerbes alors qu'ils ont faim.
À fouler les pressoirs sans fin
Alors qu'ils ont soif de breuvage.
L'âme des victimes restant pleine de courage
Appelle cependant vengeance,
Sentiment normal en de telles circonstances.

Ils n'aiment ni la lumière
Ni ses sentiers,
Pour elle, pas de prières.

Pas d'âme exaltée.
Avec leur levée
Ils se révélent meurtriers :
Du pauvre, de l'indigent
Des vols et des actes intrigants.
Avec le soir, ils commettent l'adultère
Et ils ne conçoivent pas la colère
De leur femme,
Dont ils ne partagent pas l'âme.
Ils entrent par effraction
Dans les maisons.
Ils ignorent le clair matin
Et vivent reclus dans l'obscurité du malin.

Mais leur sort est maudit sur la terre,
Pas de jardin à cultiver avec la lumière.
Ils sont la proie de vermine
Et se comportent eux-même en vermine.

Ils font durer les tyrans,
Leurs yeux ne croient qu'en leurs trépignements,
Leurs gestes et leurs pas
Leurs actes fébriles, sans lois" …

Job ainsi a soumis ses paroles,

Bildad de Chouha prend la parole et dit :
Rappelant la puissance de la sainteté :
"À lui sont la puissance
Et l'immanence,
Il n'y a aucune peur en lui.
Il établit la paix
Dans toutes les demeures habitées.

Le mortel doit être juste devant lui,
L'enfant innocent et promis
Aux joies de la vie.
L'éclat de la lune se ternit,
Les étoiles elles-même en font partie.
Ainsi que l'Adam et son fils
Qui vers la terre se finissent".

Job reprit la parole et dit :
En réponse à Bildad de Chouha
"Tu poses le secours à l'endroit
De la faiblesse et de l'ignorance,
Ton discours est empli de vraissemblance.

Les ombres des trépassés
Se prennent à trembler.
Il dirige et le Chéol et l'abîme
Et il connaît sa colère et sa victime.

Il dirige et les eaux et le néant
Il cache sa face de ses créatures,
Son siège est depuis l'éternité, le temps
Il crée la ligne d'horizon si pure.
Les colonnes du ciel sont placés sous sa justesse,
Il dompte la mer avec sagesse.
Et ramène la nature à l'humilité,
Son souffle rend le ciel à la clarté,
Sa main transperce le serpent
Pour commander Satan.
Mais qui peut concevoir
L'étendue de ses pouvoirs ?

Job s'efforce dans sa vertu :
Bien que le Dieu vivant
M'est mis à nu,
Je reste fervent.
Tant que j'aurai
La force de respirer.
Le souffle de Dieu est mon plus grand respect
Ma bouche ne sera pas dans la malhonnêteté :
Je ne dépouillerai point mon intégrité,
Ma conscience se rapprochera toujours de ma dignité
Qu'il en soit ainsi
De mon ennemi.
Car l'impie

Autrement perdrait l'espoir en la Vie.
Et Dieu n'entendrait plus ses cris …
Et il perdrait conscience du réconfort
Que l'Éternel réserve pour seul sort
À tout être de glèbe et de son vent".

Job veut en être l'enseignant :
"Vous savez tous qu'il faut rester confiant
Pourquoi vos mots sont-ils parfois offensants ?
Voici l'héritage que Dieu réserve aux violents :
Ses enfants connaîtront la guerre
Et leur ôteront la prière.
Ils connaîtront la faim
Pour eux, la peste sera la fin.
Ils ne seront ni aimés,
Ni respectés.
L'argent et les vêtements qu'ils amasseront
Seront dirigés aux justes comme une nouvelle moisson.
En pleine opulence, il ne sera déjà plus,
Les frayeurs l'envahissent de ses vues.
L'ouragan l'enlève
De sa demeure éloigne tout rêve.

Le mineur a posé des limites à l'obscurité
Jusqu'aux extrêmes profondeurs il va chercher
Le minerai, sans craindre ni les ténèbres, ni la mort.

La terre d'où le pain sort
Est bouleversée par le feu.
Le mineur trouve le précieux :
Les saphirs, la poudre d'or.
Le mineur ne craint pas la mort :
Les fauves altiers
Ne l'ont pas convoqué,
Le lion ne s'est pas présenté.
Le mineur remue les montagnes jusqu'à leur racine.
Son œuil contemple les richesses … mais pas … divines,
Il amène au jour ce qui était caché.
Mais la sagesse où la trouver ?

Où est le siège de la raison ?
Le mortel n'en connaît pas le prix,
L'abîme dit
Elle n'est pas dans mes fonds.
La mer prend à son tour voix
Elle n'est pas chez moi.
Elle ne s'obtient ni par l'or
Et ne peut être contenu dans aucun vase d'or.

D'où vient la sagesse ?
C'est Dieu qui la professe,
Où est le siège de la raison ?
L'abîme et la mort n'en sont ni la forteresse

Ni le chemin, ou la vallée en amont.

C'est Dieu qui voyant jusqu'aux confins de la terre,
Lorsqu'il traça sa voie à l'éclair :
La crainte du Seigneur, voilà la sagesse
Se comporter dans l'attente de ses caresses,
Éviter le mal, voilà la raison.
En effet il est juste de craindre l'Éternel
Et sage d'éviter le mal substantiel".

Job poursuit :
"Dans des regrets infinis
Où est la protection de Dieu,
Sur mon front bienheureux ?
Sur le respect que j'incitais ?
Et que je me sentais respecté
Et tout simplement aimé.

Moi qui sauvais le pauvre criant au secours
Et donnait à l'orphelin de nouveaux jours.
L'équité ma parure,
Mon esprit de justice ma seule droiture.

J'étais un père pour le malheureux,
Sur tous, je portais mes yeux,
J'étudiais l'inconnu

Et à tout et pour tous trouvais une issue.

Et je disais, je vivrai de longs jours
Je connaîtrai l'eau sur mes racines.
La rosée deviendra à son tour
Le ruisseau et de l'eau le protecteur de mes ruines.
Ma gloire se renouvellera
Mon arc se rajeunira,
Dans ma main.
Les gens venaient du lointain
Pour m'écouter,
Jusqu'à ce que j'eusse fini de parler.
Ils faisaient silence
Ne toléraient pour moi aucune offense,
j'étais leur fertilisante pluie,
j'étais leur printemps, leur nid.
Mon sourire
Leur faisait si plaisir !
J'allais vers eux
Le regard lumineux.

À présent ces mêmes gens rient de moi
Ils ont oublié leur ancienne foi.
Mais à quoi m'eût servi le concours de leurs mains ?
Pour eux il n' y a pas de juste destin.
Épuisés par les privations,

Ils errent dans la désolation.
On les chasse du milieu des hommes, leurs frères ?
On les poursuit de cri vulgaire,
Ils sont contraints de vivre à l'écart.
Dans les ravins, tout les lieux noirs et épars …
Troupe qui ne reconnaissent pas leur faute
Ils ne sont plus de ce pays les hôtes.

Ils me montrent du dégoût
Ils s'écartent de moi, même si je reste debout.
Ils me crachent à la figure
Et me remplissent d'injures.
À ma droite se lève une jeunesse insolente,
Qui ne se montre plus du tout innocente,
Qui fait glisser mes pas
Ils se précipitent dans la joie
Au mileu de mon fracas.

Et maintenant les jours de misère m'ont enserré,
La nuit ronge mes os,
Je n'ai plus de repos.

Je crie vers toi
Et tu ne me réponds pas !
Je me tiens là,
Tu es devenu inéxorable pour moi …

La substance de mon être,
Tu la guides pour disparaître.

Et puis-je tendre la main ?
N'appelle-t'on pas au secours lorsque la vie semble prendre fin ?
Comme moi : j'ai reçu et ouvert ma main
À l'homme qui a besoin de secours : j'ai ouvert le chemin.
Aujourd'hui, les ténèbres sont venues,
Et me voici devenu,
Tenant une harpe retenant tous mots
Et ma flûte n'est plus que sanglots.

Pourquoi ce malheur sur moi ?
Alors que j'avais conclu un pacte avec toi ?
N'observe-t'il pas mes voies ?
Ne compte-t'il pas mes pas ?
Je réclame d'être pesé dans de justes balances
Pour que Dieu cesse de dresser pour moi, sa potence.

Si mon cœur s'est laissé entrainer par mes yeux
Si j'ai fait le gué à la porte de mon voisin que j'espère heureux,
Si mes mains lui paraissent impurs,
Qu'on m'enlève ce que j'ai de plus sûr.
Que des étrangers visitent ma femme,
Je sentirai en souffrance mon âme.

Ai-je humilié mes serviteurs ?
C'est de ma mère, dont je détiens cette peur.
N'ai-je pas fait preuve de partage ?
Et tenter chaque jour d'être de plus en plus sage,
Un père pour l'orphelin
Et pour la veuve, un soutien ?
Ai-je privé
Le mendiant
De compassion
Et de pitié ?

Je redoute le châtiment infligé par Dieu
Je ne saurai résister à la justice de ses yeux,
Ai-je mis ma confiance dans l'or ?
Ai-je confondu l'âme au corps ?

Est-ce qu'en voyant le soleil briller,
La lune cheminer avec majesté.
Mon cœur à trouver à qui parler,
Pourtant dans cette éternité ?
Jamais je n'ai induit mon palais en faute
Ni privé de présence mon hôte.
J'ouvrais ma porte au voyageur,
Et tout grand mon cœur.

Ai-je dissimulé mes fautes ?

Dans le mensonge et ses notes
Fruit d'une musique vulgaire
J'ai gardé ma conscience claire.
Je n'ai jamais eu peur de la foule
Ma porte s'est toujours ouverte comme une douce houle.
Je signe que tout le puissant me délègue une réponse,
Je porterai le fardeau de mon adversaire,
Pour mieux comprendre et m'en défaire,
Je le ferai dans la joie et l'allégresse,
D'un prince je ferai sa détresse.
Mes terres et les sillons qu'elles portent
Réclament-elles vengeance avec forte
Ai-je mangé
Sans payer ?
Ai-je arraché des plaintes
Aux propriétaires qui n'étaient pas succintes".

Ici se terminent les paroles de Job.

Élihou fils de Barakhel entre en colère
Il reprochait à Job son innocence et sa prière.
Il se dit pourtant que c'est à la vieillesse de parler,
Même si les vieillards ne détiennent pas toujours la vérité.
C'est cependant au grand âge d'enseigner la sagesse,
Et le Tout-Puissant leur livre son souffle dans une caresse.
"J'ai moi aussi une opinion

Sur la question :
Personne de vous n'a réfuté de Job les paroles
Ce n'est pas contre moi qu'il a dirigé ses discours,
Mais le silence remplit bien vite son rôle,
Ils ne répondent plus à ce jour.
Je suis plein de pensées,
Laissez-moi parler,
Je vais répliquer,
Sans flatterie,
Comme mon créateur me l'a appris".

Il demande à Job de lui offrir son attention,
"Ma bouche te dira clairement ce que je sais :
L'esprit de Dieu m'a créé
Et le souffle de Dieu soutient ma vie et ma raison.
Je suis pétri d'argile moi aussi
Je ne suis pas pour toi motif de frayeur dans ta vie.

Tu as dit à mon encontre,
Je suis à l'abri de tout blâme,
Pourtant des griefs, je rencontre.

Dans le songe de l'homme, il met un sceau
Et corrige les mauvais dépôts
De pensée,
Et protéger

De l'orgueil, les puissants.
Préservant leur âme, de tout tremblements.

L'homme éprouvé dans la souffrance,
Sa vie semble livrée à la déchéance,
Aux agents de la mort,
Mais les anges lui parlent encore
Le prend en pitié
Et dévoile son devoir à sa clarté.
Alors sa chair retrouve la sève de sa jeunesse,
Et lui permet de voir sa face dans l'allégresse.
Il récompense ainsi la droiture du mortel.
Ma vie jouira encore de l'étincelle,
Que Dieu confère à l'âme des vivants,
Une lumière qui existe depuis la nuit des temps.

Fais silence Job et laisse-moi parler
Je souhaite te voir justifié".
Élihou reprit,
Et dit :
"Écoutez-moi hommes instruits
L'oreille apprécie les discours,
Examinons ce qui est bon dans le cours
De la vie,
Car Job a dit :
Je suis innocent

Et Dieu ne s'est pas montré clément …

Gens d'intelligence, écoutez-moi
Écartez l'iniquité de vos pas
Et vous reverrez la justice du Tout-Puissant,
Dieu, durant la vie, préserve les Hommes de la poussière.
Et au bon sens
Il n'oppose pas le silence.

Celui qui hait la justice pourrait-il régner ?
L'être infiniment juste pourra-t'il être incriminé ?
lui ne prend pas parti
Ne favorise ni le riche, ni le démuni
Car ils sont tous l'œuvre de sa main
Et leur destin a la même fin.

L'espace d'un regard ils meurent dans la nuit
Point d'ombre où se cache le malfaiteur
Dieu comprend avec vélocité tout le prix
D'un méfait et de la terreur
Il les écrase et les renverse dans la nuit.

Les punissant de s'être détournés de lui,
D'avoir laissé monter les cris
Jusqu'à lui
Sans en avoir pris parti.

Et s'il fait l'apaisement, qui le lui reprochera ?
Quand il cache sa face, qui le verra ?
Il domine et sur les individus et sur les nations,
Refusant la perversion
Et pour le peuple, un piège
Il perçoit tout depuis son siège.

Se peut-il qu'on lui dise
J'ai expié en toute franchise
Apprends-moi, ce qu'il m'est impossible de voir.
Par ma seule volonté,
Si je suis dans la nuit noire,
Si j'ai commis des impiétés,
Je ne récidivrai pas ?

Sous quelle inspiration
Intervient-il ?
Face au dédain, aux mauvaises passions,
Tes préférences et tes choix, pour qui sont-ils ?

Ce que tu sais
Expose le donc aux gens sensés".
M'écoutent les gens sages :
Job ne mérite pas de doux présages,
Et ma colère monte contre lui,
Ses paroles ne sont bien fournies

Ni de connaissance, ni de raison.
Aussi je souhaite qu'il soit éprouvé d'autres saisons.
Son péché
Est qu'il pense triompher
Parmi nous".

Élihou
À Job dit :
"Crois-tu en ta droiture à l'égard de Dieu ?
Quels avantages à tes yeux ?
Je vais te répliquer
À toi, tes amis, quelle est la portée
Si tu agis mal quelle est ton action sur Dieu ?
Si tu agis bien, que lui donnes-tu de vertueux ?
Qu'accepte-t'il de toi ?
C'est à toi fils d'Adam qu'importe ta piété et ta joie.

On se plaint de la multitude d'exactions
De la violence des puissants et de leur passion.
Mais on ne fait plus de louanges au créateur,
Aussi l'on crie sans trouver d'écho, de lueur.
Dieu n'écoute pas de vaines doléances
En raison de l'injuste arrogance.
Tu dis que tu ne l'aperçois
Point,
Et maintenant

Tu prétends
Que sa colère ne sévit point
Et que de toi, il ne se soucie pas.

Je conclus que Job ouvre la bouche pour rien,
Et j'irai plus loin"
Élihou de plus poursuivant :
"Sois attentif et je me montrerai instruisant :
Élihou livre sa foi à son tour
Il prétend avoir les connaissances à jour.

Quelle est la réelle nature de sa foi ?

Il dit au créateur
Des louanges
Mais ne reconnaît pas Job son serviteur" …

Il dit :"Dieu est souverain par la force de la raison
Il fait triompher le bon droit.
Il n'a nul besoin de poser des questions
Il ne détourne pas les yeux des justes et des droits.
Il les installe solidement
Les fait grandir franchement,
De l'orgueil, de l'iniquité
Il les encourage à revenir
Sur le bon sentier.

S'ils écoutent,
Ils iront sur la bonne route".
Élihou en fait est sans espoir
Pour la créature dans le noir
De l'ignorance.
Il les condamne à l'épée
À la souffrance.
S'ils n'entendent pas les voies de sa vérité.
Leurs jugements sont faux,
Quand Dieu les charge de chaînes.
Pourtant job face aux mêmes conflits
Ne perd ni espoir, ni souffle de vie.
C'est là sa différence
Il pèse dans la juste balance.

Élihou reprend :
"Condamne le libertin,
Qui méprise son temps
Ses mains.

Mais le malheureux
Selon Élihou qui n'est pas en réalité dans le cœur de Dieu,
Sera sauvé par sa misère
Et non de la misère.
Et ouvre ses oreilles par la souffrance
Sans l'écouter dans son indifférence.

Il te fera passer de l'étreinte de l'adversité
En un lieu spacieux
Où il n'y a pas de conflit avoué
Et te rapprochera de l'Homme heureux. (l'état d'être heureux).
Crains donc que le dépit ne t'attire de nouveaux coups,
Ce que dit Élihou
Garde-toi de te laisser aller au mal,
Car tu sembles le préférer à la souffrance,
Semble faux et divergent et sans idéal,
Dans une justice où il n'y a pas d'espérance".

Élihou n'a pas conscience
Que Job exalte réellement le créateur
Et il poursuit ses sentences
Différenciant l'homme du mortel
Et cherchant à défaire le réel.
Les hommes l'admirent
Le mortel désire
Entrer dans la contemplation de Dieu.
Dieu lui semble si grand,
Qu'il ne peut être compris au vrai semblant,
Le nombre de ses années se perd dans le feu.
Il se sert des profondeurs
Pour juger les peuples,
Il juge le rebelle vide de cœur,
Par un tonnerre

Instrument de frayeur.
Contre les présomptueux.

C'est aussi ce qui jette la frayeur
Dans mon cœur.
Écoutez le grondement de sa voie
Mais Job connaît sa voie,
Le roulement qui sort de sa bouche
Job sait ce qu'il touche.
Ses éclairs parcourent la terre
Entière.
Il accomplit de grandes choses qui dépassent notre connaissance.
Mais il paralyse les bras de tous les hommes.
Sans chercher à évaluer leur somme
Leur valeur
Leur mérite au bonheur ?
Ils donnent l'impulsion aux forces de la nature,
Fléau et bienfait sont ses moments qui durent.

Il demande à Job de l'écouter
Pourtant Job sait …
Considère les merveilles de Dieu.
Comment il fait briller ses nuages lumineux ?
Les prodiges de celui qui possède la science parfaite.
Élihou
Avoue :

"Dans les ténèbres où nous sommes
Nous manquons d'arguments,
Pourtant Job, homme
Valeureux, toujours fervent.
N'a point failli
Dans ses agissements.
Et mérite ce souffle,
Le souffle
De vie,
Qui ne vient que de lui".

L'Éternel répondit à Job du sein de la tempête,
"Qui dénigre mes desseins ?
Et face à moi s'arrête ?
Je vais venir en ton sein
Avec la même justice
Dont j'ai toujours fait office.
Je vais t'interroger
<u>Et tu m'instruiras sans me blâmer :</u>
Où étais-tu lorsque je fondais la terre
As-tu la souvenance de ce jour d'hier ?
Sur quoi sont assis ses piliers ?
Où étais-tu quand les étoiles du matin chantaient en cœur ?
Et que tous les fils de Dieu poussaient de joie des clameurs ?
Qui a fermé la mer avec des portes,
Quand je lui donnais la nuée pour vêtement et escorte ?

Et que je lui dis :
Jusqu'ici tu viendras
Et non au-delà.
Connaissais-tu la vie ?
S'arrêteront l'orgueil de tes flots ?
As-tu ordonné le matin, très tôt ?
Assigné sa place à l'aurore
Pour que de la terre elle en saisisse les bords
Et en rejette les méchants dans une secousse ?
Quand la mer paraît toujours aussi douce
Pour ceux qui en connaissent les limites
Et qui respectent le lieu où ils habitent.

Les méchants sont privés de la lumière
Et leur bras réduit à la poussière.
As-tu pénétré jusqu'aux sources de la mer
As-tu connu l'abîme ?
Les portes de la mort ont-elles fait de tes jours
La révélation d'un secret sans mimes
Sans fausseté.
Sans peur et avec mon amour ?
As-tu mesuré l'immense étendue de la terre
Tu me le diras dans tes prières.
Et je serai sans colère
Quel chemin mène à la demeure de la lumière ?
Tu le sais

Car tu étais né
Grand est le nombre de tes jours !
Quelle est la voie par où se disperse la lumière ?
Par où le vent d'Est se répand sur la terre ?
Qui a creusé des rigoles pour le désert ?
Et fertilisé et rendu doux ses fruits amers ?
Pour abreuver les terres sauvages
Et faire pousser l'herbe par ses nuages ?

Connais-tu les lois du ciel ?
Que sans cesse je révèle.
As-tu une action sur la Terre ?
Ta voix est-elle une grande prière ?
Commandes-tu aux éclairs ?
Sais-tu qui a mis de la sagesse ?
Reconnais-tu en moi celui qui donne liesse ?
Intelligence ?
Patience ?
Sagacité ?
Amour de ma vérité ?
Est-ce toi qui poursuis la proie
Des animaux aux abois ?

Connais-tu le temps des naissances
Et de leur délivrance ?
Les petits gagnent en force et en liberté

La tranquillité de l'âne dans le désert salé
Il se rit du tumulte de la cité.

Réduiras-tu les animaux en esclavage
Les animaux te suivront-ils dans ton sillage ?
Est-ce toi qui donnes la vigueur au cheval
L'écartant de tout mal ?
Il ne tremble ni recule devant l'épée.
Il concourt à la victoire des grandes échappées.

Est-ce par un effet de ton intelligence
Que l'épervier s'élance ?

L'Éternel répondant à Job poursuit :
"Le censeur continuera-t'il à m'incriminer contre lui ?"

Job répond et dit :
"Je suis trop petit,
Je n'ose plus parler,
Alors que je n'ai jamais eu peur de me prononcer".

L'Éternel lui répondit :
"Prétends-tu être dans l'effroi de ma justice
De mes silences infinis ?
Ton bras est-il le bras de mon fils ?
Tu peux te parer de majesté et de grandeur

Revêts-toi de magnificence et de splendeur.
Tu peux faire preuve de colère
Toi qui fus toujours plein de prières,
Et d'un regard abaisse les orgueilleux
Les flots de sentiment honteux.

Tu peux les enfouir
Dans la poussière
Sans rougir,
Alors j'écouterai à nouveau tes prières".

L'Éternel éprouve Job, une nouvelle foi :
"J'ai créé un hippopotame pour toi :
Admire la force qui est dans ses flancs.
Dans ses muscles, sa queue, ses os
Les montagnes le nourrissent fidélement,
Il est sous le couvert des roseaux.

Les lotus le protégent de leur ombre
Il demeure plein d'assurance et rien ne lui paraît sombre.
Le fleuve se gonfle et il ne s'en émeut point,
Il n' a pas peur de diriger ses pas.

Tireras-tu le *Léviathan* avec un hameçon ?
Lui passeras-tu dans les narines un jonc ?
Quel serment vous unira ?

À l'esclavage tu le réduiras ?
Sera-t'il un jouet ?
Les pêcheurs dans son commerce en seront-ils associés ?
Pose ta main sur lui, et de ce combat tu te souviendras
Et ne recommenceras pas
La tentative d'un tel exploit.

La victoire n'est pas une réalité
À son seul aspect n'est-on pas terrassé ?
Je maîtrise tout ce qui est sous le ciel,
Vois comme son allure est belle.

Qui a observé ses membres de feu ?
Ses éternuements de la lumière,
Font autorisent le choix de ses éclairs,
Et dans l'aurore, ses paupières se ferment peu.

De sa bouche, de ses naseaux, de son haleine
Jaillissent des élans qui tous surprennent,
il fait bouillonner les profondeurs comme une chaudière
Et ne craint pas de réduire la vie à la poussière.
Il regarde avec dédain tout ce qui est élevé,
Il est le roi de tous les fauves altiers.

Job répondit
À l'Éternel et dit :

"Je sais que tu peux tout,
Et ce que je ne comprends pas je te l'avoue".

À présent, c'est moi qui parlerai
Je vais t'interroger
Et tu m'instruiras
"J'ai constaté la force de tes bras.
Je me repens
Et sur la poussière, je descends".

L'Éternel dit à Éliphaz de Têmân :
"Tu n'es pas un homme, tu es un âne,
Ma colère est enflammée contre toi
Et les amis qui sont dans tes lois.
Parce que vous n'avez pas parlé de moi avec rectitude
Et tenté d'enseigner à Job de mauvaises certitudes.

Je vous porte vers l'holocauste à présent.
Mon serviteur, lui prie tout le temps
Et il priera pour vous
Je n'humilierai pas votre coup".

Et l'Éternel compensa les pertes de son serviteur
Retrouvant ses frères et ses sœurs,
Mangèrent le pain dans sa maison
Et l'Éternel bénit l'Homme bon.

Il vécut cent quarante ans
Il vit ses fils jusqu'à la quatrième génération
Et Job pria dans un dernier élan.

Pour conclure, voici un extrait des textes bibliques qui relate l'amour par excellence :
Le Cantique des Cantiques
"Elle est un jardin bien clos.
ma sœur, ma fiancée,
un jardin bien clos,
une source scellée …
… Source qui féconde lesjardins,
fruits d'eau vive,
ruisseau dévalant du Liban !
Lève-toi Aquilon,
accours , Autan !
Soufflez sur mon jardin,
Qu'il distille ses aromates !
Que mon Bien-aimé entre dans son jardin,
qu'il en goûte les fruits délicieux !
J'entre dans mon jardin,
ma sœur, ma fiancée,
Je récolte ma myrrhe et mon baume,
Je mange mon miel et mon rayon,
Je bois mon vin et mon lait".